LE CAPITAINE

BITTERLIN

COMÉDIE

EN UN ACTE, EN PROSE

PAR

EDMOND ABOUT ET ÉM. DE NAJAC

PARIS

MICHEL LÉVY FRÈRES, LIBRAIRES ÉDITEURS

RUE VIVIENNE, 2 BIS

1861

LE
CAPITAINE BITTERLIN

COMÉDIE

Représentée pour la première fois, à Paris, sur le théâtre du GYMNASE-
DRAMATIQUE, le 27 octobre 1860.

LAGNY. — Typographie de A. VARIGAULT et Cie.

LE CAPITAINE
BITTERLIN

COMÉDIE

EN UN ACTE, EN PROSE

PAR

EDMOND ABOUT et ÉMILE DE NAJAC

PARIS

MICHEL LÉVY FRÈRES, LIBRAIRES-ÉDITEURS

RUE VIVIENNE, 2 BIS

1860

PERSONNAGES

———— —

LE CAPITAINE BITTERLIN.	MM. Lesueur.
SAVINIEN RAYNAUD, son neveu.	Luguet.
HENRI DE LUCE.	Desrieux.
LORD GRIMM.	Blaisot.
EMMA BITTERLIN.	Mmes Antonine.
AURÉLIE.	F. Cellier.
UN EMPLOYÉ.	MM. Louis.
UN GARÇON DE RESTAURANT.	Lefort.
PROMENEURS DES DEUX SEXES.	

————

S'adresser, pour la mise en scène exacte et détaillée, à M. Hérold, régisseur de la scène, au Gymnase.

LE

CAPITAINE BITTERLIN

Une allée devant la Conversation, à Bade. — Tables et chaises.

SCÈNE PREMIÈRE.

AURÉLIE, UN GARÇON DE RESTAURANT.

(Plusieurs personnes sont assises, d'autres se promènent.)

AURÉLIE, entrant du fond, à droite, suivie du garçon [*].

A la minute! Je les connais, vos minutes de Bade. Il n'en faut pas plus de deux pour faire une heure. Allez vite, j'ai répétition. Vous me servirez ici.

LE GARÇON.

Voui, matemoiselle Aurélie. (Il sort par la droite.)

SCÈNE II.

AURÉLIE, SAVINIEN [**].

SAVINIEN, entrant par la gauche.

Je savais bien que je finirais par vous trouver. Bonjour, ange de la résistance !

AURÉLIE, froidement.

Vous êtes donc à Bade, vous?

SAVINIEN.

Dame, puisque vous y êtes. J'ai lu dans les journaux que vous répétiez un proverbe, et j'arrive tout exprès pour vou applaudir.

[*] Le garçon, Aurélie.
[**] Savinien, Aurélie.

AURÉLIE, même jeu.

Vous êtes bien bon.

SAVINIEN.

Moi, je suis tout bêtement amoureux.

AURÉLIE, passant devant lui.

Le voyage à Bade ou le claqueur par amour. Il y a une idée de pièce là-dedans. Je la donnerai à un homme d'esprit.

SAVINIEN*.

Ah çà! mais vous me recevez à la baïonnette; qu'est-ce que je vous ai fait?

AURÉLIE, s'asseyant à gauche.

Rien; mais je trouve assez impertinent que les désœuvrés de Paris viennent se placarder à ma porte comme des affiches. On lira demain dans tous les petits journaux: «M..Savinien Raynaud a suivi jusqu'à Bade mademoiselle Aurélie, du théâtre...»

SAVINIEN.

Je voudrais bien voir qu'un faquin de chroniqueur se permît de publier mon nom!

AURÉLIE.

Oh! vous, on ne mettra que vos initiales, parce que vous êtes un homme du monde; mais, quant à moi, on m'imprimera toute vive, en lettres majuscules. C'est un privilége de mon état.

SAVINIEN.

Eh bien, je ne suis pas venu pour vous, si la chose vous incommode. Bade est une ville de jeu; j'y viens jouer tous les ans, et me voici.

AURÉLIE.

Je vous recommande la banque de Hombourg. Elle offre un avantage de quarante pour cent sur celle de Bade, et tous les vrais joueurs lui donnent la préférence.

SAVINIEN.

Pourquoi diable avez-vous à cœur de m'exiler d'ici?

AURÉLIE.

Pourquoi diable vous obstinez-vous à me faire la cour?

SAVINIEN.

Parce que je vous aime.

* Aurélie, Savinien.

AURÉLIE.

Épousez-moi.

SAVINIEN.

Vous êtes enfant!

AURÉLIE *.

[Vous êtes poli. J'ai eu l'honneur de vous dire deux ou trois cents fois que je voulais me marier et vivre en femme honnête. C'est une idée à moi.

SAVINIEN.

A vous et à plusieurs autres. Votre idée, ma chère, est tombée dans le domaine public. Je connais, dans les théâtres de Paris, une vingtaine de jeunes femmes qui réservent pour un mari problématique une ingénuité absurde.

AURÉLIE.

Nous nous marions quelquefois.

SAVINIEN.

Je le sais bien, et c'est tant pis pour vous ! De deux choses l'une : ou vous faites la conquête d'un jeune homme riche qui est brouillé avec sa famille, pour vous retirer du théâtre ; ou vous épousez un pauvre garçon, poëte, journaliste ou comédien, qui viendra tous les jours au théâtre avec vous. Dans le dernier cas...

AURÉLIE.

Soit... Mais lorsqu'on épouse un homme riche ?...

SAVINIEN.

Vous acquérez le droit d'éclabousser vos amis ; mais il vous en coûte cher. Le monde vous regarde comme des déclassées et vous éloigne poliment. Une belle petite solitude se fait autour de vous, et vous regrettez ce bon temps du théâtre, où vous étiez si entourées. Pour peu que vous soyez artistes et que votre cœur ait battu au bruit des applaudissements, vous soupirez au souvenir de la rampe ; la nostalgie des planches vous saisit. Vous recherchez les premières représentations, et, lorsque le rideau tombe, vous sortez en pleurant dans votre mouchoir. Vos maris, qui vous ont aimées dans tout l'éclat du succès, se refroidissent. Vous n'êtes plus si belles à leurs yeux, depuis qu'ils ne voient plus les lorgnettes braquées sur vous, et qu'ils vous possèdent tranquillement sans vous disputer à personne. Voilà, ma chère, le bonheur que

---

* Les parties du dialogue placées entre crochets sont supprimées à la représentation.

vous rêvez. J'ai connu une petite femme qui jouait les travestis au boulevard du Temple. Elle a trouvé un merle blanc, un pair d'Angleterre, deux millions de revenu. Elle a quarante chevaux à l'écurie ; elle habite un château du douzième siècle, très-confortable au dedans, avec des tapis jusque dans les cuisines. Mais elle meurt de consomption. Tous les matins, un laquais lui apporte sur un plat d'or *l'Entr'acte* de la veille. Elle pleure en lisant la distribution des féeries du Cirque, et je parie qu'elle donnerait dix mille livres sterling pour entendre le bruit d'un sifflet, et se voir jeter des pommes !

AURÉLIE.

D'abord, mon cher, je ne connais pas les pommes ; ensuite, le mariage, si triste que vous le supposiez, sera toujours moins bête et moins monotone que la circulation.

SAVINIEN.

Quelle circulation ?

AURÉLIE.

Vous ne trouvez pas mauvais que j'appelle les choses par leur nom ; j'ai joué Molière. La circulation, mon cher monsieur, c'est le destin inévitable de toutes les femmes qui ont fait un faux pas. On se donne pour la vie à un joli garçon, attaché au ministère des affaires étrangères ; on l'aime, on est heureuse : crac ! le bien-aimé s'envole pour Rio de Janeiro, il est nommé secrétaire de légation. Que faire ? On s'arrache les cheveux, on pleure, on veut quitter le théâtre et se jeter dans un couvent ; mais le pli est pris ; on s'éveille un beau matin auditrice au conseil d'Etat. Nouvel amour, nouveau bonheur, nouveaux projets d'union éternelle ; mais l'auditeur au conseil d'Etat s'envole du côté des Alpes ou des Pyrénées, dans l'habit brodé d'un sous-préfet. Pour le coup, on prend du poison ; un jeune médecin vous sauve la vie, et on l'aime par reconnaissance... jusqu'au jour où le docteur adoré épouse la clientèle et la fille de quelque prince de l'art. On retombe sur un coulissier qui part bientôt pour la Belgique ; on se jette dans les bras d'un sportman qui se casse le cou à Chantilly ; on prend un bel officier des guides qui se fait tuer à Solferino, et l'on circule ainsi, de main en main, jusqu'à l'âge de quarante-cinq ans, comme mademoiselle A..., mademoiselle B... et mademoiselle C..., qui sont en deuil de la moitié du genre humain.

SAVINIEN.

Il y aurait un moyen d'échapper à cette... circulation.

AURÉLIE.

Qui serait ?...

SAVINIEN.

De ne choisir ni un diplomate, ni un officier, ni un médecin, ni un homme de bourse; mais un oisif jeune, bien portant et indépendant comme moi.]

AURÉLIE, se levant.

Voilà tout justement ce que me disait votre ami.

SAVINIEN*.

Qui ?

AURÉLIE.

Vous auriez pu m'épargner le crève-cœur de le nommer.

SAVINIEN.

Henri de Luce !

AURÉLIE.

Vous voulez que je me laisse prendre à l'amour d'un homme, vous qui avez vu Henri dans mon petit salon? Était-il assez amoureux, celui-là?... le disait-il assez tendrement? me lorgnait-il assez furieusement depuis dix-huit mois dans le même fauteuil d'orchestre? avait-il des attentions assez délicates pour ma tante et pour mon petit chien? et se serait-il assez moqué de moi, si j'avais eu la sottise de me laisser prendre ?

SAVINIEN.

Il vous aimait tout de bon.

AURÉLIE.

Je l'ai cru tout un dimanche. Je ne jouais pas, on donnait je ne sais quoi, une pièce de dimanche. Henri vint me prendre avec ma tante pour nous mener à Saint-Germain. Il nous promena en voiture, je ne sais où, dans le bois. Il y avait déjà quelques feuilles par-ci par-là, je me rappelle une espèce de saule qui était couvert de feuilles vaporeuses comme des marabouts, et les oiseaux chantaient les chansons les plus compromettantes. Je parie que nous n'avons pas échangé dix paroles dans la journée! Ma tante causait toute seule, elle ne déteste pas ça. La nuit vint. Henri nous fit dîner au pavillon de Henri IV; un charmant petit dîner. Nous n'avions faim ni

* Savinien, Aurélie.

l'un ni l'autre, il n'y avait que ma tante. Je ne bus que de
l'eau ; cependant j'étais un peu grise au dessert ; la tête me
tournait. Ah! que voulez-vous! on n'est pas parfaite. Il nous
ramena rue de Rivoli, à dix heures. Impossible de le faire partir. Ma tante s'alla coucher ; il était toujours là, assis à mes
pieds sur le tapis, et il parlait, il parlait! Ah! sa langue s'était
déliée dès que nous avions été seuls. Je lui répondais de mon
mieux par de bonnes raisons, les dernières. Enfin, je le mis à
la porte... Il était temps, j'étais au bout de ma rhétorique, et,
tenez, nous sommes entre garçons... je ne répondais pas du
lendemain! Le lendemain, il ne reparut ni chez moi, ni au
théâtre, et il y a trois bons mois que je n'ai eu de ses nou-
velles; voilà les hommes !

SAVINIEN.

Ainsi vous l'aimez encore?

AURÉLIE.

Moi? Je le déteste.

SAVINIEN.

C'est ce que je disais. (Jouant avec le pan de sa redingote.) Le
cœur est une étoffe à double face : couleur d'amour à l'endroit, couleur de haine à l'envers; mais qu'on la prenne par
ici ou par là, on la tient.

AURÉLIE.

Je vous jure que M. de Luce m'est aussi indifférent... que
vous.

SAVINIEN.

C'est ce que nous allons voir... Une, deux, trois. Il est
ici!

AURÉLIE, se levant.

Henri! à Bade? qui vous l'a dit? Vous l'avez vu? Lui a-t-on
dit que j'y étais?... Henri est ici !

SAVINIEN.

Voyons, mon enfant, du calme : vous me connaissez assez
pour comprendre que si Henri était ici pour vous, je n'aurais
pas commencé par vous parler de moi.

AURÉLIE, colère.

Pour qui donc alors ?

SAVINIEN.

Pour une cousine à moi.

AURÉLIE, même jeu.

Une femme du monde?

SAVINIEN.

Une jolie fille de seize ans qu'il aime de tout son cœur, et qu'il veut épouser.

AURÉLIE.

Elle est donc bien jolie, votre cousine? C'est vous qui avez mis cette belle passion dans la tête de Henri?

SAVINIEN.

C'est vous... Dix-huit mois de fauteuil d'orchestre et pas d'espoir !

AURÉLIE.

Mais quand je vous dis que s'il était revenu le lendemain, je me laissais tomber du haut de ma vertu, foi d'honnête fille !

SAVINIEN.

Vous auriez dû le lui dire ; il serait revenu. Quand un navire n'est plus en état de se défendre, il amène son pavillon.

AURÉLIE.

Eh bien, mariez-les, et qu'on ne m'en parle plus!

SAVINIEN.

Mariez-les ! c'est bien facile à dire; on voit que vous ne connaissez pas le capitaine Bitterlin.

AURÉLIE.

Qu'est-ce que c'est encore que celui-là ?

SAVINIEN.

C'est l'homme qui ne veut pas marier sa fille avec Henri ; en autres termes, mon oncle.

AURÉLIE.

Il s'oppose au mariage? C'est un Dieu vengeur !

SAVINIEN.

Non, c'est, en bonne prose, un vieux monsieur désagréable. Il a été beau, dit-il, et il est devenu laid. Il a eu de l'ambition, et il s'est arrêté au grade de capitaine.

AURÉLIE.

De vaisseau?

SAVINIEN.

D'infanterie. Le nom de Bitterlin figure dans les légendes du 104ᵉ de ligne. Il a épousé ma tante, qui était riche et jolie femme, et il l'a fait mourir à petit feu. Il a eu d'excellents camarades au régiment, et il en a tué deux ou trois sur le terrain. Il a une fille très-gracieuse, très-bonne et très...

AURÉLIE.

Faites-moi grâce du panégyrique!

SAVINIEN.

Très-digne d'amour, et il a résolu d'en faire une vieille fille.

AURÉLIE.

C'est donc une bête féroce?

SAVINIEN.

Non! c'est un égoïste, fort honnête homme d'ailleurs, et tout capitonné de principes. Il se ferait scrupule de ramasser une épingle dans la rue, mais il veut garder jusqu'au tombeau la fortune de sa fille. Il ne marcherait pas sur la patte d'un chien, mais il a condamné ma cousine au célibat, de peur de rester seul.

AURÉLIE.

Au fait, chacun pour soi en ce monde!

SAVINIEN.

Vous ne dites pas ce que vous pensez.

AURÉLIE.

Si !... Je parie que la petite cousine est une espèce de poupée sans tête et sans cœur...

SAVINIEN.

Emma?

AURÉLIE.

Ah! elle s'appelle Emma? Un nom bête! Et elle l'aime, c'est bien certain, autant qu'une demoiselle ose se permettre d'aimer?

SAVINIEN.

Ma foi, vous m'en demandez trop long; je n'ai vu Henri qu'une minute à l'hôtel d'Angleterre. Je sais qu'il est très-sérieusement épris; qu'il a suivi mon oncle et ma cousine en Suisse dans je ne sais quel train de plaisir; qu'il a perdu quinze jours à courtiser M. Bitterlin; que le capitaine, sans connaître ses intentions, l'a reçu à coups de boutoir, et que le pauvre garçon commence à perdre la tête.

AURÉLIE.

C'est bien fait! Écoutez, M. Reynaud, il faut que je sois vengée. Si votre oncle se charge de la besogne, tant mieux! Il ne faut pas que ce mariage se fasse... Si je savais... je serais capable de tout!

SAVINIEN.

Même de partir avec moi ?

AURÉLIE, passant devant lui.

Non, mais de me perdre avec Henri, de le compromettre aux yeux de toute la ville, et de dire à toutes les demoiselles présentes et futures : Je l'aime, il est à moi !

SCÈNE III.

LES MÊMES, LE GARÇON*.

LE GARÇON, apportant une assiette.

Les huîtres, matemoiselle.

AURÉLIE.

Qu'est-ce que c'est que ça ? Ah ! oui, les huîtres que j'ai commandées hier ! Apportez-les-moi demain matin ; ou plutôt, non, mettez-les ici... Et mon aile de poulet, est-elle morte ou vivante ** ?

LE GARÇON.

Je ne sais pas, matemoiselle ; elle est cuite.

AURÉLIE.

Vous êtes beau, allez-vous-en ! (A Savinien.) Cher ami, j'ai besoin de vous ; vous me servirez. (Elle s'assied à gauche.)

SAVINIEN.

Parbleu ! ma chère...

SCÈNE IV.

LES MÊMES, LORD GRIMM***.

LORD GRIMM.

Oh ! monsieur Reynaud !

SAVINIEN.

Lord Grimm ! Que le diable l'emporte ! (Amicalement.) Milord !...
(Ils se serrent la main.)

LORD GRIMM.

Monsieur Savinien Reynaud !..

SAVINIEN.

Bonjour, milord, bonjour ! (Il se retourne vers Aurélie.)

* Aurélie, le garçon, Savinien.
** Le garçon, Aurélie, Savinien.
*** Aurélie, Savinien, lord Grimm.

LORD GRIMM, le retenant.

Croiriez-vous que je n'ai pas encore joué?

SAVINIEN.

C'est prodigieux! (Il se retourne vers Aurélie.)

LORD GRIMM.

C'est que je guette l'occasion. Et la banque gagne toujours?

SAVINIEN, distrait.

Elle est un peu coquette.

LORD GRIMM.

Oh! la banque!

SAVINIEN.

Qu'est-ce que j'ait dit? Pardon. (Se retournant vers Aurélie.) Vous permettez? (On entend à la cantonade la voix du capitaine.)

BITTERLIN, dans la coulisse.

C'est outrecuidant, ma parole d'honneur!

SAVINIEN, reprenant son chapeau.

Sapristi!

AURÉLIE.

Qu'avez-vous?

SAVINIEN.

Ce que j'ai? (Avec terreur.) Mon oncle!

SCÈNE V.

AURÉLIE, à table, SAVINIEN, LORD GRIMM, BIT-TERLIN, traînant EMMA, UN DOMESTIQUE, JOUEURS*.

BITTERLIN, venant de la droite, au fond.

Je suis entré à Vienne, à Smolensk, à Moscou, et je n'aurais pas le droit (Montrant la Conversation.) d'entrer dans ce lieu de débauche!

LE DOMESTIQUE, à Bitterlin.

Monsieur, on n'entre pas dans les salons de conversation avant midi, c'est la règle pour ce matin, et les personnes comme il faut ne cherchent pas à violer la consigne.

BITTERLIN.

C'est pour moi que vous dites cela? Entendez-vous le français?

LE DOMESTIQUE.

Oui, monsieur, puisque je le parle.

* Savinien, Aurélie, lord Grimm, Bitterlin, Emma, le domestique.

BITTERLIN.

Eh bien, va dire à ton maître que tu as refusé d'ouvrir la porte au capitaine Bitterlin !

LE DOMESTIQUE.

– Monsieur le capitaine, je vous demande bien pardon. Je ne savais pas à qui j'avais l'honneur de parler. Veuillez me suivre, s'il vous plaît, et l'on vous ouvrira par faveur spéciale.

BITTERLIN.

Non, monsieur, je n'entrerai pas. Il ne sera pas dit que j'ai abusé de mon rang pour me faire ouvrir une porte. J'entrerai avec la foule, monsieur ! comme le premier venu, monsieur ! (A Emma.) Viens, ma fille. (Il redescend la scène avec elle. Le domestique sort.)

AURÉLIE, à Savinien.

Je l'aime, cet homme-là !

BITTERLIN, reconnaissant Savinien qui se cache.

C'est vous, monsieur, et en bonne compagnie, j'ose le dire ! (Savinien s'approche pour le faire taire.) Que viens-tu faire à Bade ?

SAVINIEN*.

Mais, mon cher oncle, j'y viens faire tout ce qui me plaît. Bonjour, Emma ! (Il lui serre la main.)

BITTERLIN.

Voilà la jeunesse française en 1859 ! (Bas à Savinien.) Tu es ici pour cette... vivandière ?

SAVINIEN.

Non, mon oncle.

BITTERLIN.

Alors, tu joues ?

SAVINIEN.

En effet, j'ai l'intention de jouer un peu.

BITTERLIN.

Malheureux !

SAVINIEN.

J'ai des rentes et point d'enfants.

BITTERLIN.

Raison de plus, pour vivre honorablement sans te gorger d'un or mal acquis.

* Aurélie, Savinien, Bitterlin, Emma, lord Grimm, joueurs.

SAVINIEN.

Je ne joue pas pour gagner, mais parce que le jeu m'amuse. J'ai commencé par jouer à Paris, dans la bohème des jeunes gens riches. J'ai tantôt perdu, tantôt gagné; mais comme les dames étaient toujours de la partie, je rentrais généralement sans un sou, fatigué d'une nuit stupide, les ongles sales, la tête lourde et la figure jaune. Ce plaisir me coûtait en moyenne cinq cents louis par an. J'aime mieux risquer dix mille francs à Bade : c'est moins compromettant, plus sain et plus tôt fini. Je suis sûr que la banque n'aura pas des refaits tout préparés dans sa manche. Je sais qu'elle ne m'empruntera pas vingt-cinq louis pour payer sa voiture à six heures du matin. Si je gagne par impossible, je ferai charlemagne sans pudeur, et je ne me reprocherai pas d'emporter dans ma poche le pain d'une famille; voilà mes raisons.

BITTERLIN.

Vous vous exprimez facilement, monsieur. Vous êtes l'organe d'une société qui périra un jour ou l'autre dans l'abîme du paradoxe. Mais, un officier n'arrive pas à mon âge pour renier les principes de sa vie. Le jeu est immoral, comme tous les autres moyens d'acquérir la richesse sans travail. Je l'ai interdit à mes sous-officiers et soldats, je me le suis interdit à moi-même, et je veux perdre mon nom si jamais je m'écarte de la ligne que l'honneur m'a tracée.

AURÉLIE.

Bravo!

TOUS.

Bravo! Vive le capitaine Bitterlin!

BITTERLIN, saluant à droite et à gauche.

Il paraît que ces messieurs et ces dames n'ont pas l'habitude d'entendre parler des hommes de principes... Viens, ma fille.

SAVINIEN.

Mon oncle, vous prêchez... comme un oncle; mais vous êtes à Bade. Voici les salons qui s'ouvrent, gardez-vous de la tentation. (Il remonte.)

BITTERLIN.

Moi? Je ne serai pas même tenté.

SAVINIEN.

Vous n'avez jamais vu une table de trente et quarante.

BITTERLIN.

Non, monsieur.

SAVINIEN *.

Eh bien, venez voir ce spectacle-là, et, pour peu que vous ayez cent sous dans votre poche, je parie qu'ils sortiront tout seuls. Pariez-vous, mon oncle?

BITTERLIN.

Non, monsieur! Parier, c'est jouer.

LORD GRIMM.

Vingt louis que M. Bitterlin ne jouera pas aujourd'hui.

SAVINIEN.

Tenu!

BITTERLIN, à Savinien.

Mais tu me manques de respect!

SAVINIEN, écrivant sur un carnet.

Pardon, mon oncle, les affaires sont les affaires. Je tiens tout ce qu'on voudra.

UN MONSIEUR.

Cent francs!

BITTERLIN.

Monsieur!

SAVINIEN.

Tenu!

DEUXIÈME MONSIEUR.

Dix louis!

BITTERLIN.

Monsieur!

SAVINIEN.

Tenu!

BITTERLIN, à Savinien.

Je te défends...

AURÉLIE.

Deux francs cinquante pour la vertu du capitaine.

BITTERLIN.

Madame!

SAVINIEN.

C'est inscrit!

BITTERLIN.

Monsieur, je vous ordonne de me remettre ce carnet!

* Aurélie, lord Grimm, Bitterlin, Emma, Savinien, joueurs à droite et au fond.

SAVINIEN, riant.

Vous ne l'aurez qu'avec ma vie !

SCÈNE VI.

LES MÊMES, HENRI.

HENRI.

Savinien, tu as tort !

BITTERLIN *.

Qui est-ce qui se permet de donner tort à mon neveu ?

HENRI.

Moi, monsieur.

BITTERLIN.

Encore vous ! Ah ! c'est trop fort ! Savinien, prends ta cousine.

SAVINIEN.

Mon cher oncle, M. Henri de Luce, un de mes meilleurs
amis !

BITTERLIN.

Je connais monsieur, et, de reste... (A Savinien.) Prends ta
cousine ! (Il la fait passer entre lui et Savinien, qui passe par derrière **.)

HENRI, à Emma.

Mademoiselle, êtes-vous reposée des fatigues du voyage ?

BITTERLIN, faisant passer Emma de l'autre côté ***.

Ma fille ne se fatigue pas, monsieur, et nous nous portons
bien l'un et l'autre. (A Savinien.) Prends ta cousine.

HENRI.

J'en suis fort aise, monsieur. (A Emma.) Avouez, mademoiselle, que Bade est encore plus beau que les descriptions
qu'on en fait.

BITTERLIN.

Oui, monsieur ; c'est-à-dire que le pays est très-laid, très-
sale et très-mal habité.

HENRI, à Emma, en passant derrière Bitterlin ****.

Cependant, mademoiselle, permettez-nous d'espérer que

* Aurélie, lord Grimm, Emma, Bitterlin, Savinien, Henri, joueurs.
** Aurélie, Savinien, Bitterlin, Emma, Henri.
*** Aurélie, Savinien, Emma, Bitterlin. Henri.
**** Aurélie, Savinien, Emma, Henri, Bitterlin.

vous ne retournez pas encore à Paris. (Lord Crimm et les joueurs sortent par le fond.)

SCÈNE VII.

BITTERLIN, EMMA, SAVINIEN, HENRI, AURÉLIE,
assise à table.

BITTERLIN.

Pardon, monsieur, qu'est-ce que cela vous fait ?

SAVINIEN, passant derrière.

Mon oncle !

BITTERLIN, faisant passer Emma devant Henri et devant lui *.

Prends ta cousine ! (Bitterlin veut sortir avec tout le monde pour aller dans la salle de jeu. Il est retenu par Henri.)

HENRI.

Mon Dieu ! monsieur, ma question était fort naturelle. J'ai eu le plaisir de faire un voyage charmant en votre compagnie, et je ne me consolerais pas de vous perdre sitôt.

BITTERLIN, ironiquement.

Ah ! ma foi oui, nous pouvons nous vanter d'avoir fait un joli voyage ! J'en ai pour longtemps, de votre Suisse et de vos trains de plaisir ! mauvais chemins, mauvaises auberges, mauvais lits, et des compagnons de voyage qui vous mangent dans la main. Serviteur, monsieur. (Il lui tourne le dos.)

HENRI.

Pour moi, monsieur, je garderai toute ma vie un excellent souvenir des bonnes journées que je viens de passer avec vous.

BITTERLIN, revenant.

Est-ce que vous vous moquez de moi ?

HENRI.

A Dieu ne plaise, monsieur, que je manque à vos cheveux blancs ! Croyez que votre âge, votre franchise, votre brusquerie même... Enfin, je ne vois rien en vous qui ne soit digne de mon respect.

BITTERLIN.

Sacrebleu ! monsieur, je ne suis pas encore une momie, et je vous trouve bien hardi de m'empailler avec tous vos respects. Vous avez le galimatias désagréable ce matin.

HENRI.

En vérité, cher monsieur, je m'étonne...

** Aurélie, Henri, Bitterlin, Emma, Savinien.

BITTERLIN.

Cher monsieur, cher monsieur, c'est bientôt dit! Est-ce
que je vous ai prié d'avoir de l'amitié pour moi? Est-ce que
nous avons fait la guerre ensemble? Est-ce que vous avez
servi dans la 4e du 2e du 104e? — Je ne vous connais pas,
sinon depuis quinze jours que vous me marchez sur les ta-
lons, monsieur. — Prends ta cousine une fois pour toutes!
Nous allons montrer à ces tortilleurs de cartes la figure d'un
homme de principes, et, demain matin, serviteur aux Alle-
mands! (Il remonte, précédé d'Emma, qui donne le bras à Savinien.)

EMMA.

Où donc irons-nous, mon père?

BITTERLIN.

Dans un endroit où il n'y a pas de petits messieurs, au
camp de Châlons! (A Henri.) Je n'espère pas avoir l'honneur
de vous y rencontrer. (A Savinien et à Emma.) En route, mau-
vaise troupe! (Ils sortent par la droite.)

SCÈNE VIII.

AURÉLIE, HENRI*.

AURÉLIE, riant aux éclats.

Ah! ah! ah! la bonne figure!

HENRI, se retournant vivement.

Madame! (La reconnaissant.) Aurélie!

AURÉLIE.

Oui, monsieur, j'étais là; je mangeais des huîtres. Vous
m'apercevez, enfin, au bout d'une demi-heure, et vous me
reconnaissez encore, après quatre mois!

HENRI.

Pardonnez-moi, ma chère Aurélie! Je... vous... En effet....
il me semble que j'ai eu des torts envers vous.

AURÉLIE.

Il me semble est délicieux! Ah! il vous semble!

HENRI.

Je ne sais ce que je dis; je n'ai pas la tête à moi... Diable
d'homme!

* Aurélie, Henri.

AURÉLIE.

Ah! vous avez une façon de prendre congé !

HENRI.

De qui ai-je pris congé?

AURÉLIE.

Magnifique! De moi, monsieur! comme Thésée prit congé de la belle Ariane.

HENRI.

Vous ne m'avez laissé aucune espérance... et maintenant... ah ! c'est cent fois pis. Je ne me consolerai jamais.

AURÉLIE.

Je me suis bien consolée, moi.

HENRI.

Vous ne m'aimiez pas.

AURÉLIE.

Qu'en savez-vous ? Je vous ai attendu sous l'orme, et, tenez, (Montrant l'arbre auquel elle est adossée.) j'y suis encore. Oui, c'est un orme.

HENRI.

Aurélie, ne m'accablez pas! Si vous saviez ce que je souffre depuis quinze jours !

AURÉLIE, se levant et passant devant lui *.

Oh ! je viens d'avoir un échantillon de vos allégresses. Monsieur apprivoise des hérissons. (Elle rit.) J'en rirai toute ma vie!

HENRI.

Vous n'avez pas de cœur !

AURÉLIE.

Je serais bien sotte d'en avoir à votre service. Je suis femme, avant tout. Si je pouvais me venger moi-même, je le ferais ; le ciel permet qu'un autre me venge, tant mieux ! Vous êtes puni dans votre infidélité même, et ce nouvel amour se tourne en poison contre vous. C'est bien fait!

HENRI.

Oui, c'est bien fait ; car j'aime mieux souffrir pour elle que d'être heureux avec vous. J'aime aujourd'hui pour la première fois de ma vie. J'aime en honnête homme une honnête petite fille, et le jour où il me sera permis de la conduire à l'église dans une robe de satin blanc, il me semblera que les portes du ciel s'ouvriront pour me recevoir.

* Henri, Aurélie.

AURÉLIE.

Elles ne s'ouvriront pas, les portes du ciel ; et si vous faites mine d'approcher, je connais un dogue, appelé Bitterlin, qui vous mordra les jambes. Et la petite demoiselle mettra quelque jour une robe de satin blanc, mais ce n'est pas vous qui la conduirez à l'église : Bitterlin ne vous donnera pas sa fille, vous n'épouserez pas la fille de Bitterlin, et, une fois dans votre vie, mon cher monsieur Henri de Luce, vous souffrirez.

HENRI.

Dans tous les cas, je ne souffrirai pas longtemps.

AURÉLIE.

Bah ! Vous avez déjà une consolation toute prête ?

HENRI.

Non, mais je me tuerai.

AURÉLIE, courant à lui.

Est-il vrai ? Serais-tu malheureux à ce point ? Alors, je veux tout savoir. Parle-moi comme si j'étais ta sœur ; ne crains pas de me froisser, j'ai le cœur dur, va !

HENRI.

Vous êtes bonne, malgré tout.

AURÉLIE.

Malgré tout est magnifique !... C'est du Corneille ! Mon pauvre Henri, vous me donnez envie de rire... malgré tout ! Voyons, asseyez-vous là , et causons comme deux personnes raisonnables ; l'affaire n'est peut-être pas aussi désespérée que nous l'avons dit. — Êtes-vous aimé, d'abord ? (Ils sont assis à droite.)

HENRI.

Je n'en sais rien.

AURÉLIE.

Comment ! il y a trois mois que vous lui faites la cour, voilà quinze grands jours que vous courez le pays derrière elle, et vous ne savez pas si elle vous aime ?

HENRI.

Il m'a semblé plus d'une fois que ses regards répondaient aux miens avec une bonté angélique.

AURÉLIE.

C'est déjà quelque chose, mon cher Platon.

HENRI.

Mais ce père ! ce Bitterlin monstrueux !

AURÉLIE.

Écoutez, je connais votre homme, ou, du moins, je le devine... Vous l'avez mal pris.

HENRI.

Évidemment.

AURÉLIE.

Vous avez eu tort de lui faire la cour.

HENRI.

J'étais absurde.

AURÉLIE.

Il n'y a qu'un moyen de le soumettre.

HENRI.

Parlez !

AURÉLIE.

Il faut le traiter en ennemi.

HENRI.

Oui... C'est mon idée ! (Ils se lèvent.)

AURÉLIE.

Le braver en face.

HENRI.

Je le braverai !

AURÉLIE.

Le choquer dans toutes ses idées.

HENRI.

Je le choquerai !

AURÉLIE.

Être plus rude et plus méchant que lui.

HENRI.

Je serai atroce !

AURÉLIE.

Il est entré à la Conversation, allez-y.

HENRI.

J'y vais.

AURÉLIE *.

Il déteste le jeu, jouez...

HENRI.

Je jouerai !

AURÉLIE.

A sa barbe.

* Aurélie, Henri.

HENRI.

A sa... (Hésitant.) Mais il va me prendre en horreur !

AURÉLIE.

Tant mieux !

HENRI.

Mais s'il me fait des observations ?

AURÉLIE.

Vous l'enverrez au diable.

HENRI.

Et s'il se fâche ?

AURÉLIE.

Vous crierez plus fort que lui.

HENRI.

Et vous croyez que c'est le moyen d'obtenir sa fille ?

AURÉLIE.

Mon cher ami, il n'y a que deux façons de prendre les gens : (Lui passant la main sur la figure de haut en bas.) comme ceci, ou... (Faisant le même geste de bas en haut.) comme cela. La première façon ne vous a pas réussi, essayez de l'autre.

HENRI.

Vous me répondez du succès ?

AURÉLIE.

Je ne réponds de rien ; mais je vous jure que Salomon lui-même, s'il était vivant et votre ami, ne vous donnerait pas un plus sage conseil.

HENRI.

Merci, et pardon !

AURÉLIE.

Je n'ai pas besoin de vous pardonner, puisque je vous aime ! Allez vite !

HENRI.

C'est la Providence qui vous a conduite à Bade !

AURÉLIE.

Mais je ne sais pas si c'est elle qui me ramènera à Paris... En avant !

SCÈNE IX.

LES MÊMES, SAVINIEN *.

SAVINIEN.

Où cours-tu ?

* Aurélie, Henri, Savinien.

HENRI.

Au jeu !

SAVINIEN.

Tu n'y songes pas ! Mon oncle est au trente et quarante !

AURÉLIE.

Que fait-il?

SAVINIEN.

Il fulmine.

AURÉLIE.

Bravo !... Courez ! (Poussant Henri par derrière.) Va donc, grand enfant ! (Il sort.) Ouf ! L'Académie donne des prix de vertu qui ne sont pas mieux gagnés.

SCÈNE X.

AURÉLIE, SAVINIEN [*].

SAVINIEN.

Vous êtes folle !... Ah ! j'y suis... vengeance de femmes !

AURÉLIE.

Mieux que cela, mon cher, une bonne action; je marie votre ami.

SAVINIEN.

Avec Emma?

AURÉLIE.

Tiens, c'est vrai, elle s'appelle Emma; un gentil petit nom, et une gentille petite femme !

SAVINIEN.

Ah çà ! vous avez donc marché sur l'herbe d'indulgence ?

AURÉLIE.

Probablement ! Dites donc, monsieur Raynaud, avez-vous jamais fait le bien, vous?

SAVINIEN.

Ma foi, non ! Pas, que je sache.

AUÉRLIE.

Eh bien, essayez, quand vous aurez le temps, c'est plus agréable qu'on ne croit. Oui, pardonner une offense, rendre le bien pour le mal, c'est un exercice très-salutaire, et... pas commun... Vous verrez que le garçon s'est endormi sur mon aile de poulet.

* Aurélie, Savinien.

SAVINIEN.

Attendez, je vais voir. (Il sort en courant, et rentre avec une aile de poulet sur une assiette.) Vous l'avez calomnié, il était en chemin.

AURÉLIE, s'asseyant à table.

Vous voyez, ma bonne action trouve ;déjà sa récompense. Je n'espérais pas déjeuner avant six heures du soir.

SAVINIEN.

Qu'avez-vous donc? Il y a dans vos yeux quelque chose de tout particulier.

AURÉLIE.

N'est-ce pas? Je vois la nature en beau, mon cher ami. Ces arbres sont superbes avec leur poussière! La Conversation (Lui montrant les fabriques du fond.) est un miracle d'architecture! Le vent qui souffle à travers la promenade m'apporte des émanations de géranium et de cigare qui me gonflent doucement le cœur! Il fait bon vivre aujourd'hui!... Ouf!

SAVINIEN.

A quoi pensez-vous? Vous avez quelque chose?

AURÉLIE.

Oui, j'ai quelque chose... Mais vous dire à quoi je pense, je ne saurais... A vous, peut-être?

SAVINIEN, s'asseyant en face d'elle.

Bonne idée! Et peut-on savoir ce que vous pensez de moi?

AURÉLIE.

Vous m'avez dit ce matin des choses fort judicieuses. Vous ne causez pas mal. Évidemment vous êtes un garçon moins nul que plusieurs de vos contemporains.

SAVINIEN.

Il y aurait de quoi devenir fat, si vous ne m'aviez pas prévenu que vous êtes dans un jour d'indulgence.

AURÉLIE.

Pourquoi, fat? Je ne vous connais pas. Je ne vous ai jamais regardé. Êtes-vous jeune ou vieux, beau ou laid? Il est temps que je le sache.

SAVINIEN, se levant.

Me voici comme ma mère m'a fait, et comme mon tailleur m'a habillé.

AURÉLIE, se levant.

Eh bien, mon cher, vous n'êtes pas mal du tout : de tournure, de profil, de face. Parlez un peu, que j'entende le son de votre voix.

SCÈNE XI.

SAVINIEN.

Je vous aime !

AURÉLIE.

Ah ! je déteste les banalités. Vous ne voulez toujours pas m'épouser ?

SAVINIEN.

Aurélie, mon cher cœur, pourquoi jouez-vous comme un enfant avec les choses sérieuses ? C'est le théâtre qui vous a faussé l'esprit avec son éternel dénoûment et son inévitable notaire. Mais l'amour est bon par lui-même, tout notaire à part, et le bonheur n'a rien de méprisable. Si je vous apportais dans mes deux mains un gros bouquet de roses mousseuses, le refuseriez-vous, parce qu'il ne serait pas enveloppé d'une feuille de papier timbré ?

AURÉLIE, distraite, regardant au fond.

Attendez !

SAVINIEN *.

Aurélie !

AURÉLIE, se levant.

Qu'est-il donc arrivé ? Je ne me trompe pas, c'est lui !

SAVINIEN, se retournant.

Henri ! Mais c'est un vrai fléau que ce garçon-là ! (A Henri qui rentre.) Va-t'en !

SCÈNE XI.

SAVINIEN, AURÉLIE, HENRI **.

AURÉLIE.

Henri, il y a du nouveau ? Parlez vite !

SAVINIEN.

Oui, parle vite, et laisse-nous, cher ami.

HENRI.

Je suis un poltron, un enfant qui a peur de la férule. (A Aurélie.) J'ai oublié vos conseils : tout est perdu par ma faute, il n'y a plus d'espoir.

SAVINIEN.

Pourquoi ?

* Savinien, Aurélie.
** Savinien, Aurélie, Henri.

AURÉLIE.

Pourquoi ?

HENRI.

Je me suis sauvé.

AURÉLIE.

Cœur de lièvre ! Après ce que je lui avais dit !

SAVINIEN.

Oui, après ce qu'elle t'avait... (A Aurélie.) Qu'est-ce donc que vous lui aviez dit ?...

HENRI, allant à lui *.

Parbleu ! j'aurais bien voulu te voir à ma place ! J'avais pourtant passé bien fièrement devant lui; j'étais allé droit au tapis vert... tandis qu'il avait la tête tournée, et j'avais jeté un louis sur la noire... v'lan ! Mais tout à coup, au moment où le banquier tirait les cartes, je sens un coude pointu qui m'entre dans le dos, et j'entends un hum ! qui aurait mis une armée en déroute. Mes jambes plient sous moi, je tourne timidement les yeux, c'était lui! c'était elle aussi ! et elle me regardait d'un air qui voulait dire : «Tout est perdu !» Vous pouvez croire que je n'ai pas songé à reprendre mon argent, et me voici plus faible, plus ridicule et plus découragé que ce matin !...

SAVINIEN.

Comment, malheureux, tu veux épouser ma cousine, et tu vas jouer devant mon oncle !

AURÉLIE **.

Il a fait ce que je lui ai dit !

SAVINIEN.

Ah ! pardon ! vous croyez...

AURÉLIE.

Je crois qu'il faisait fausse route, et que je l'ai remis dans le bon chemin ! (Elle va s'asseoir.)

SAVINIEN ***.

Vous le croyez ?... (A Henri.) Mais alors ta conduite est toute tracée, retourne au jeu... perds ton argent, tout ton argent, le mien aussi. Va, cher ami, et laisse-nous !

HENRI.

Non, c'est un rôle au-dessus de mes forces.

* Savinien, Henri, Aurélie.
** Savinien, Aurélie, Henri.
*** Aurélie, Savinien, Henri.

SAVINIEN *.

Au fait, si tu ne te sens pas le courage de lutter contre mon oncle... eh bien, tu as encore un beau rôle à jouer. Retourne à Paris, cherche des distractions, achète des chevaux, prends une maîtresse... affiche-toi, morbleu ! et montre au père Bitterlin qu'un garçon comme toi peut s'amuser sans lui.

HENRI.

Tu as raison, je me passerai de lui, d'elle, de tous ceux qui m'ont fait souffrir.

SAVINIEN.

Bravo!

HENRI.

Il y a une femme qui a été pour moi plus qu'une maîtresse, plus qu'une sœur, plus qu'un ange! Elle m'a pardonné, elle m'a soutenu, elle m'a consolé; je veux lui prouver à mon tour que je ne suis pas un ingrat!

SAVINIEN.

Très-bien !

HENRI.

Aurélie! chère et bonne Aurélie ! je reviens à vous comme le pigeon de La Fontaine. Voulez-vous de moi? (Il tombe à ses pieds.)

SAVINIEN.

A qui diable en a-t-il?... Henri, tu perds la tête !

HENRI.

Non! je donne mon cœur à la seule femme qui m'ait jamais aimé !

SAVINIEN, le faisant lever.

Mais c'est une indélicatesse, une trahison, un crime!

HENRI **.

Ah çà! mais à ton tour à quoi penses-tu?

SAVINIEN.

Je dis qu'on ne se conduit pas de la sorte! Que c'est un procédé inqualifiable... que...

HENRI.

Mais tu l'as conseillé toi-même!

* Aurélie, Henri, Savinien.
** Aurélie, Savinien, Henri.

SAVINIEN.

Moi, je l'ai conseillé? C'est bien possible; mais je ne savais pas... je ne savais pas... j'oubliais...

HENRI.

Quoi?

SAVINIEN.

Au fait, qu'est-ce que j'oubliais?... J'oubliais ma cousine, oui, ma cousine Emma, ma petite cousine Emma Bitterlin qui t'aime!

HENRI.

Eh! non, elle ne m'aime pas! Si elle m'aimait seulement un peu, elle l'aurait laissé voir!

SAVINIEN.

Et le monde? et les convenances? et la vertu?... Est-ce qu'une demoiselle peut venir de but en blanc se jeter à ton cou? Est-ce qu'une demoiselle... est-ce qu'une... est-ce que... (Retournant Henri vers le fond.) Regarde, malheureux! et ose dire que c'est pour moi qu'elle vient ici.

HENRI.

Emma, toute seule! c'est impossible!

AURÉLIE, venant donner le bras à Savinien.

Mon cher ami, je vous remercierai plus tard de votre bon mouvement. Vous vous êtes jeté dans mes bras... avec une pierre au cou; mais vous aimez mademoiselle Bitterlin, elle vient à vous... et il convient que je me retire.

SAVINIEN.

Oui, soyez heureux, soyez-le vite! (Il sort avec Aurélie par la droite. Emma, qui avait traversé au fond, rentre par la gauche.)

SCÈNE XII.

EMMA, HENRI *.

HENRI, courant au-devant d'Emma.

Mademoiselle, vous cherchez Savinien, sans doute?

EMMA.

Non, monsieur, c'est vous!

HENRI.

Moi! Serai-je assez heureux?...

* Emma, Henri.

EMMA.

Écoutez-moi vite ; la foule m'a séparée de mon père, et j'ai couru...

HENRI.

Enfin, il m'est donné de vous entendre, de vous parler...

EMMA.

Il se passe des choses terribles, là-bas !

HENRI.

Et que m'importe ! puisque...

EMMA.

Quand vous vous êtes sauvé, tout à l'heure, en laissant votre argent sur la table...

HENRI.

C'est votre regard, mademoiselle, qui m'avait troublé jusqu'au fond de l'âme, et...

EMMA.

Mon père a dit je ne sais plus quoi, une réflexion désobligeante, et il s'est mis à votre place, pour assister, disait-il, à la perte de votre argent.

HENRI.

Oh ! que j'aurais perdu volontiers tout ce que je possède pour acheter un moment comme celui-ci !

EMMA.

Mais vous n'avez rien perdu... au contraire, votre argent a gagné...

HENRI.

Qu'importe !

EMMA.

Une montagne d'or et de billets, vous dis-je ! Papa n'a fait qu'en rire, au commencement, parce qu'il espérait que tout serait bientôt reperdu ; puis, je ne sais comment, il s'est oublié au point de compter les billets et de ranger l'or en pile. Alors, un monsieur, qui tenait les cartes, lui a demandé ce qu'il mettait au jeu. Il a répondu qu'il ne savait pas, que tout cela n'était pas à lui ; cependant il a joué, il a gagné, on l'a payé ; il a remis, et, maintenant, ce qu'il gagne est si épouvantable, que je suis presque morte de peur !

HENRI, tendrement.

Ne craignez rien.

EMMA.

Mais vous ne savez pas comme il est en colère. C'est la

première fois de sa vie qu'il a joué. Il murmure, entre ses dents, qu'il se déshonore par votre faute, et que vous le lui payerez!

HENRI.

Je souffrirai tout avec plaisir, avec joie, avec reconnaissance; l'accident que vous m'annoncez n'a rien de grave ; je suis plutôt tenté de le bénir, puisqu'il me permet de vous parler un instant, et de vous dire pour la première fois que je vous aime!

EMMA.

Mais je le sais bien.

HENRI.

Vous le savez, et vous me pardonnez la hardiesse d'un tel aveu?... Je ne vous ai pas offensée?

EMMA.

Mais non, monsieur, puisque je vous aime aussi!

HENRI *.

Vous m'aimez! Elle m'aime! Je l'ai bien entendu! Mais je ne crains plus rien au monde! Que la foudre éclate sur ma tête!

EMMA.

Mais, monsieur, papa ne voudra jamais nous marier ensemble! Il vous demandait tout à l'heure à ses voisins pour vous jeter son gain à la tête. S'il venait vous chercher querelle, j'en mourrais, moi!

HENRI.

Diable! l'affaire est grave, en effet. C'est égal, mademoiselle, je suis bien heureux!

VOIX, à la cantonade.

Vive le capitaine Bitterlin!

HENRI.

Ah! mon Dieu!

EMMA.

Le voici **!

HENRI.

Je ne crains rien, j'attendrai de pied ferme! Restez auprès de moi pour me protéger... non! pour que je vous protége... ou plutôt, laissez-moi le temps de consulter Aurélie.

* Henri, Emma.
** Emma, Henri.

SCÈNE XIII.

EMMA.

Aurélie? Monsieur... qui appelez-vous Aurélie?

HENRI.

Oh! rien... une personne qui m'a toujours donné de bons conseils.

EMMA.

Une femme?

HENRI.

Non... un homme, un magistrat italien, le juge Orelli. Il y a deux ll.

VOIX.

Vive le capitaine Bitterlin !

EMMA.

Où est-il votre ami? A Bade?

HENRI.

Oui, je le vois là-bas, dans la grande allée...

EMMA.

Courez, mon ami, évitez le premier choc de mon père, et surtout soyez prudent! (Il sort par la droite; on entre par la droite, au fond.)

SCÈNE XIII.

EMMA, BITTERLIN, LORD GRIMM, JOUEURS [*].

LA FOULE.

Vive le capitaine Bitterlin !

BITTERLIN, des billets de banque et des rouleaux d'or dans ses mains.

Messieurs, je vous prie, une fois pour toutes, de me laisser la paix !

LORD GRIMM.

Monsieur Bitterlin?

BITTERLIN.

Monsieur... Avez-vous vu M. de Luce?

LORD GRIMM.

Oh! oui !

BITTERLIN.

Enfin !... Où est-il ?

LORD GRIMM.

Oh! je ne sais pas, monsieur Bitterlin !

[*] Bitterlin, lord Grimm, joueurs, Emma.

BITTERLIN, allant à Emma.

As-tu vu M. de Luce?

EMMA.

Mais, mon père...

BITTERLIN *.

Tais-toi, malheureuse! Je te tuerais, si tu l'avais vu!

LORD GRIMM.

Monsieur Bitterlin, je voulais vous faire une petite proposition?

BITTERLIN.

Un autre jour, monsieur, rue Saint-Louis, 26, au Marais. Voilà son argent qui tombe, mille millions d'argent! (Il se baisse et ramasse quelques rouleaux. — A Emma.) Tiens-moi tout ça... Donne-moi une chaise!... (Il s'assied à droite à la table, et se met à compter les billets. — A Emma.) Aide-moi! Dix... vingt... trente mille! Je suis un homme déshonoré! Et dix... quarante... Mais il me le payera.

EMMA, lui passant une liasse de billets.

Et dix... cinquante...

BITTERLIN.

L'infâme! (Il compte.) Soixante... septante... quatre-vingt... nonante... cent mille!.... Cent mille coups de poing dans la figure!

EMMA.

Mon père, ne vous fâchez pas! il n'y en a plus que dix!

BITTERLIN.

Et l'or, malheureuse! j'en suis couvert, j'en suis chargé, j'en ai par-dessus les oreilles, tiens. Tiens! (Il jette des rouleaux sur la table.) En voilà encore, en voilà toujours, en voilà jusqu'à la fin du monde!... Ouf! je crois que c'est tout!... cent vingt et un mille!...

EMMA, qui a compté douze louis.

Et deux cent quarante.

BITTERLIN, lui donnant un portefeuille.

Écris la somme sur mon calepin! (Montrant le poing à l'horizon.) Ah! misérable! je te le payerai! Mais tu me le payeras!

LORD GRIMM.

Monsieur Bitterlin!...

BITTERLIN, impatienté.

Monsieur?...

* Lord Grimm, Bitterlin, Emma.

LORD GRIMM.

Vous jouez très-bien ! oui, artistement bien !

BITTERLIN, se levant.

Non, monsieur !

LORD GRIMM, le forçant de se rasseoir.

Oh ! je joue aussi beaucoup, très-fort !

BITTERLIN, même jeu.

Je ne vous en fais pas mon compliment, monsieur.

LORD GRIMM, même jeu.

Oh ! voulez-vous venir à Hombourg avec moi ?...

BITTERLIN, même jeu.

Pour quoi faire, monsieur ?

LORD GRIMM, même jeu.

Eh ! pour jouer ! Je mets cent mille francs, et vous cent mille ! Nous ferons sauter la banque, hip !

BITTERLIN, même jeu.

Hip ! vous-même, monsieur ; je vous répète que vous vous trompez sur mon compte, vous ne me connaissez pas !

LORD GRIMM.

Oh ! je connais que vous jouez très-bien ! Gagnez-vous beaucoup dans un an ?...

BITTERLIN, se levant.

Sacrebleu ! monsieur, je ne gagne jamais, parce que je ne joue jamais ! et je ne joue jamais, parce que je suis un honnête homme !

LORD GRIMM.

Oh ! je suis un honnête homme aussi ! mais je joue toujours !

BITTERLIN.

Eh quoi, monsieur, n'avez-vous pas un meilleur emploi de votre temps et de votre fortune ?... Le jeu ! fléau des régiments ! désespoir des familles !

LORD GRIMM.

Oh ! j'ai déjà entendu une fois, et j'ai parié quatre cents francs pour vous ; mais vous m'avez fait perdre.

BITTERLIN.

Monsieur, je vous jure, sur mon honneur de soldat, que je n'ai pas joué. Ce n'est pas moi, c'est M. de Luce. Je le cherche, trouvez-le-moi, et je vous donnerai cent vingt mille... non, je lui donnerai cent vingt et un mille deux cent quarante francs.

LORD GRIMM.

Oh !

BITTERLIN, qui a mis l'argent dans ses poches.

Accompagnez-moi si vous voulez, monsieur ! (A Emma.)
Viens, ma fille. (Elle lui donne le bras, ils remontent.)

SCÈNE XIV.

LES MÊMES, AURÉLIE*.

AURÉLIE.

Qui cherchez-vous, capitaine ?

BITTERLIN.

M. de Luce !

AURÉLIE.

Alors, vous n'avez pas un instant à perdre, car M. de Luce
est parti, il y a trois minutes, par le chemin de fer.

BITTERLIN.

Parti !... pour où ?

AURÉLIE.

Pour le tour du monde.

BITTERLIN.

Nous verrons bien ! (Il sort en courant par la droite.)

LORD GRIMM.

Pour le tour du monde !... Monsieur Bitterlin , attendez !...
attendez !... je vous suis !...

SCÈNE XV.

AURÉLIE, puis HENRI.

AURÉLIE, allant pour se remettre à table.

Voilà une aile de poulet qui a failli attendre. (A Henri.) Encore ici !... Mais, malheureux !...

HENRI**.

J'ai manqué le train ! Ma montre est à l'heure de Paris. Ils
ont ici des heures allemandes de quatre-vingts et quelques
minutes !

AURÉLIE.

C'est cela !... plaisantez !

---

* Lord Grimm, Bitterlin, Emma, Aurélie.
** Aurélie, Henri.

HENRI.

Non. Mais pardonnez-moi cette faiblesse... je voudrais la revoir encore avant de partir !

AURÉLIE.

Vous la reverrez une autre fois. Le monstre vous cherche. Cachez-vous jusqu'au train du soir où vous pourrez... dans un trou de souris... S'il vous trouve, n'oubliez pas ce que je vous ai dit... et jouez serré !

HENRI.

Oui !... (Fausse sortie.) Vous ne savez pas où elle est ?

AURÉLIE.

Qui ?

HENRI.

Elle.

AURÉLIE.

Il est sur votre dos !

HENRI.

Qui ?

AURÉLIE.

Lui !

SCÈNE XVI.

LES MÊMES, BITTERLIN.

HENRI, à Aurélie.

Ne me quittez pas !

AURÉLIE.

Non ! Mais si vous mollissez un instant, je m'en vais. (Elle va s'asseoir.)

BITTERLIN*.

Monsieur... on ne m'a pas trompé... vous êtes encore... aussi j'ai couru... Vous... je... mademoiselle, que voici... ma réputation... le gros Anglais... Il ne s'agit pas de se sauver en Amérique par le chemin de fer, vous comprenez bien. Du reste, il ne faut pas tant de paroles... tenez, voici votre argent. (Il lui présente une poignée de billets et de rouleaux.)

HENRI, se reculant.

Pardon, monsieur, j'espère que vous ne doutez point de

* Aurélie, Bitterlin Henri.

mon respect pour vous !.. (Aurélie se lève. Il poursuit résolùment.) Mais
vous n'avez pas d'argent à moi.

BITTERLIN.

Ah ! je n'ai pas d'argent à vous ! Je suis donc un joueur,
un tripoteur de cartes ?... Et vous insultez mes cheveux bl...
mes cheveux bl... vous insultez mes cheveux !...

HENRI.

Capitaine, rien n'est plus loin de ma pensée, et je suis tout
prêt à vous débarrasser de cette somme... (Aurélie se lève. Il re-
prend fièrement.) si vous me prouvez clairement qu'elle est à
moi !

BITTERLIN.

Est-ce que vous doutez de ma parole ?

HENRI.

Je n'en douterais pas si vous me réclamiez de l'argent;
quand vous m'en apportez, il me faut des preuves !

BITTERLIN.

Avez-vous laissé vingt francs sur la noire, oui ou non ?

HENRI.

Oui !

BITTERLIN.

Eh bien, monsieur, je vous les rapporte, avec leurs enfants
et petits-enfants.

HENRI.

Total ?

BITTERLIN.

Cent vingt et un mille deux cent quarante francs, monsieur !

HENRI.

Capitaine, vous vous moquez de moi !

BITTERLIN, agitant sa main pleine.

Vous voyez bien que non !

HENRI.

Combien de fois la noire a-t-elle donc passé ?

BITTERLIN.

Est-ce que vous m'avez chargé de marquer les coups ?...

HENRI.

Non, capitaine, je ne vous ai chargé de rien, pas même de
jouer pour moi !

BITTERLIN.

Je n'ai pas joué, vous dis-je !...

HENRI.

J'admets que mon louis a gagné tout seul; mais lorsque nous avons dépassé le maximum, il fallait retirer de l'argent. Quel est l'honnête homme qui a fait cela?...

BITTERLIN.

C'est moi! J'étais là... et...

HENRI.

Vous lui avez donné un fier coup de main, à mon louis!

BITTERLIN.

J'ai cru bien faire.

HENRI.

Vous avez bien fait! Et ainsi vous avez continué dans le même ordre, en retirant de l'argent chaque coup?

BITTERLIN.

Puisque j'étais là!

HENRI.

Mais la noire n'a pas gagné constamment. Il faudrait qu'elle eût passé plus de vingt-sept fois sans interruption.

BITTERLIN.

Ça n'était guère possible!

HENRI.

Oh! la rouge a fini par gagner!

BITTERLIN.

Dame!

HENRI.

Alors j'ai perdu!

BITTERLIN.

Sans doute!

HENRI.

J'aime à croire que quelqu'un a payé pour moi!

BITTERLIN.

Je me trouvais là... et...

HENRI.

Mais il est impossible que je me sois obstinément tenu à la noire. Est-ce que je n'ai jamais mis à la rouge?

BITTERLIN.

Ah! peut-être bien!

HENRI.

Mon argent n'y est pas allé tout seul... on l'a aidé... Qui?

BITTERLIN.

Je me suis fait l'honneur de vous dire que j'étais là.

HENRI.

Mais si vous étiez là, capitaine, si vous avez placé, déplacé, retiré, payé, touché l'argent, c'est vous qui avez joué, c'est vous qui avez gagné, donc la somme est à vous! Donc, rendez-moi vingt francs, et remportez le reste! (Aurélie remonte.)

BITTERLIN *.

Monsieur, vous connaissez mes principes: je méprise le jeu, donc je ne joue pas, donc je ne gagne pas, donc... je n'accepte pas un gain déshonorant!

HENRI **.

Si vous le trouvez déshonorant, pourquoi voulez-vous que je l'accepte?

BITTERLIN, doucement.

Mon jeune ami!

HENRI.

Merci de cette bonne parole!

BITTERLIN.

Il n'y a pas de quoi, mon jeune ami! Considérez que j'ai le double de votre âge, que toute ma vie j'ai mal parlé du jeu; qu'ici même, ce matin, j'ai... et que je n'oserais plus me regarder en face, si l'on pouvait dire que j'ai gagné aux cartes!

HENRI, ému.

Monsieur, vous êtes un digne homme! (Aurélie fait un signe. —Fièrement.) Mais si vous pensez que l'argent du jeu soit désagréable à garder, pourquoi voulez-vous me faire un si méchant régal?

BITTERLIN.

Parce qu'il est à vous, sacrebleu!

HENRI, se dérobant.

Mais non! mais non!

BITTERLIN.

Ah! c'est ainsi! (Jetant l'argent sur la table, à droite.) Eh bien, monsieur, cet argent vous appartient, faites-en des choux et des raves! Quant à moi, j'ai rempli mon devoir, et je vous tire ma révérence! (Il sort à gauche, en oubliant son chapeau.)

AURÉLIE, à Henri.

Très-bien!

HENRI.

Que faire?

* Aurélie, Henri, Bitterlin.
** Henri, Bitterlin, Aurélie.

AURÉLIE.

Son chapeau! (Elle y jette l'argent et les billets.) Monsieur, votre chapeau que vous oubliez!

BITTERLIN.

Merci! (Il prend son chapeau, qui retombe et répand son contenu sur la terre.) Mille millions!

AURÉLIE, à Henri.

Va-t'en!

BITTERLIN, courant après Henri qui se sauve.

Monsieur... monsieur!... Au voleur! au voleur!

SCÈNE XVII.

BITTERLIN, HENRI, AURÉLIE, LORD GRIMM, FOULE *.

LORD GRIMM.

Oh! vous avez vu un voleur?

BITTERLIN.

Non, monsieur, j'ai vu un impertinent, et je le reverrai!

AURÉLIE, à Henri qui rentre.

Il s'agit de frapper le grand coup! En avant! (Elle sort, ainsi que la foule.)

HENRI.

N'ayez pas peur, je suis lancé! (A Bitterlin.) Monsieur, il est temps que tout cela finisse!

BITTERLIN.

C'est mon opinion, monsieur! Acceptez-vous?

HENRI.

Jamais!

BITTERLIN.

Eh bien, monsieur, les tribunaux vous forceront de garder ce qui vous appartient.

HENRI.

La loi ne reconnaît pas les dettes de jeu!

BITTERLIN.

C'est fait pour moi!

HENRI.

Capitaine, de tous les accommodements, il n'y en aurait qu'un possible!

* Henri, Aurélie, Bitterlin, lord Grimm.

BITTERLIN.

J'écoute, monsieur !

HENRI.

Mais celui-là, je n'en veux pas.

BITTERLIN.

Lequel ?

HENRI.

Peu vous importe ! puisque je n'en veux pas.

BITTERLIN.

Mais encore ?...

HENRI.

Je n'en veux pas ! je n'en veux pas ! je n'en veux pas ! Un mariage entre votre fille et moi terminerait toute discussion, en laissant la somme indivise. C'est un arrangement facile, honorable, et même agréable; mais je n'en veux pas !

LORD GRIMM.

Ah !

BITTERLIN.

Ventrebleu ! monsieur, vous refusez la main de ma fille ? Mais je ne vous l'ai pas offerte.

HENRI.

Vous avez bien fait, puisque je la refuse catégoriquement.

BITTERLIN.

Pourquoi refusez-vous ma fille ?

HENRI.

Me la refuseriez-vous, si je vous la demandais ?

BITTERLIN.

Moi ! certainement.

HENRI.

Eh bien, ne trouvez pas mauvais que je la refuse à mon tour !

LORD GRIMM.

Ah !

BITTERLIN.

Monsieur, vous me rendrez raison de votre insolence !

HENRI.

A la bonne heure, capitaine ! Un coup d'épée ne prouve rien, mais quelquefois il arrange tout.

BITTERLIN.

A vos ordres, monsieur.

HENRI.

C'est à moi de me mettre aux vôtres... L'heure ?

BITTERLIN.

Tout de suite !

HENRI.

Le lieu ?

BITTERLIN.

N'importe où !

HENRI.

L'arme ?

BITTERLIN.

Le sabre.

HENRI, au garçon, qui entre pour desservir.

Garçon, deux sabres ! (A Bitterlin.) Vos témoins ?

BITTERLIN.

En voici déjà un. Savinien, mon neveu, tu seras mon té-
moin ; prends un de tes amis, et en avant !

SCÈNE XVIII.

LES MÊMES, SAVINIEN*.

SAVINIEN.

Mon cher oncle, je n'ai rien à vous refuser. Lord Grimm
nous fera l'honneur de se mettre de la partie.

LORD GRIMM.

Oh ! avec plaisir !

SAVINIEN.

Mais il est bon, il est indispensable que nous connaissions
les motifs de la querelle.

LORD GRIMM.

Oh ! certainement !

BITTERLIN.

Mon Dieu, messieurs, rien n'est plus simple : j'ai offert à
M. de Luce de lui rendre ma fille, qui lui appartient légiti-
mement... Qu'est-ce que je dis?... de lui rendre cent vingt
mille francs qui sont à lui. Monsieur refuse ma fille... non !
l'argent... mais si, ma fille ! Enfin, monsieur refuse tout !
Mais qu'est-ce que ma fille vient faire là-dedans ? Ah ! j'y

---

* Henri, Savinien, Bitterlin, lord Grimm.

suis ! J'ai gagné au jeu, non pas pour moi, mais pour ma
fille, non ! pour M. de Luce... une jeune fille pure et qui n'a
jamais, non ! un argent déshonoré... qui n'a jamais quitté
son père. Je n'ai pas voulu la mettre en pension... l'honneur
d'un homme tel que moi vaut plus de cent vingt mille francs,
et ma fille aussi ! Enfin, messieurs, M. de Luce refuse d'épouser son argent ; il a fourré ma fille dans mon chapeau, je l'ai
laissée tomber, et l'affaire ne peut s'arranger qu'à coups de
sabre ! Est-ce clair ?

SAVINIEN.

Parfaitement, mon oncle !

LORD GRIMM.

Oh oui !

BITTERLIN.

Vous comprenez qu'il faut du sang.

SAVINIEN.

Il en faut beaucoup ; mais je vous demande la permission
d'adresser deux mots en votre présence à mon ancien ami,
M. de Luce. (A Henri.) Monsieur, il y a deux choses que je ne
dois pas laisser ignorer : l'une, c'est qu'après la discussion
publique que vous avez provoquée aujourd'hui, mademoiselle
Bitterlin reste compromise, au point de ne pouvoir épouser
un autre homme que vous.

HENRI.

Est-il possible ?

LORD GRIMM.

Oh oui !

BITTERLIN.

Mais, c'est évident, monsieur ! (A Savinien.) Achève !

SAVINIEN.

J'ajoute qu'après un duel, si, par malheur, vous persistez
à aller jusque-là, la pauvre enfant n'aurait plus même la
ressource de devenir votre femme, et vous la condamneriez
à un célibat éternel.

LORD GRIMM.

Oh oui !

BITTERLIN.

Eh bien, elle n'en mourra pas ! Il y en a bien d'autres
qui sont restées filles ! Mais, quant à vous, monsieur...

HENRI.

Moi, monsieur, je ne chargerai pas ma conscience d'un tel
remords. En présence de ces messieurs, j'accepte la main de
mademoiselle votre fille.

SAVINIEN.

Très-bien !

LORD GRIMM.

Oh ! très-beau !

BITTERLIN.

Comment ! il accepte ma fille ?... Mais...

SAVINIEN.

Mes compliments, mon oncle ; permettez-moi de vous em-
brasser. (Il lui saute au cou.)

BITTERLIN.

Mais pourtant...

LORD GRIMM, l'embrassant.

Ah ! monsieur Bitterlin, très-honorable !

BITTERLIN.

Mais je ne la lui ai pas offerte !

HENRI.

Monsieur, je vous prie de voir en moi, dès ce moment, le
plus respectueux de tous les gendres. (Il l'embrasse.)

BITTERLIN.

Que diable ! monsieur...

HENRI.

[Je vous demanderai seulement le délai de trois mois pour
arranger quelques affaires.

BITTERLIN.

Monsieur, les dettes de jeu ne se payent pas à si longue
échéance. J'entends que vous soyez marié dans les vingt-
quatre heures.

HENRI.

Je vous assure, capitaine, que les mariages ne s'improvi-
sent pas comme les victoires de la grande armée. La loi exige
un délai de quinze jours au moins.

BITTERLIN.

Si la loi exige quinze jours, je vous en donne huit, et si
d'aujourd'hui en huit vos papiers ne sont pas arrivés et votre
habit de noce n'est pas fini, il faudra en découdre, non d'un
tonnerre !]

SAVINIEN.

Seulement, nous n'avons pas le consentement de mademoiselle Bitterlin !

BITTERLIN.

Je voudrais bien voir qu'elle fît semblant de désobéir à son
père ! A partir d'aujourd'hui, j'exige que vous lui fassiez la
cour tous les matins et tous les soirs, sans vacances. La voici,
commencez !

SAVINIEN, au garçon, qui apporte deux sabres sur un plat à poissons.

Ils sont froids, nous n'en voulons plus ! Desservez les
sabres !

SCÈNE XIX.

LES MÊMES, EMMA, AURÉLIE, entrant*.

EMMA.

Qu'ai-je appris, mon père ! une querelle ?

BITTERLIN.

Écoute-moi, et pas d'objections ! Tu te maries d'aujour-
d'hui en huit avec M. de Luce. (A Henri.) Vous, monsieur, si vous
êtes un honnête homme, vous allez me faire le plaisir de la
courtiser... et vivement !

HENRI.

Mais, monsieur...

BITTERLIN.

Embrassez-la, d'abord.

HENRI.

En public ?

BITTERLIN.

Monsieur, j'ai embrassé une Allemande à la barbe de quarante mille Autrichiens.

HENRI.

C'est pour vous obéir (Il l'embrasse.)

BITTERLIN.

Et l'autre joue ? (Henri embrasse Emma **.) Maintenant, offrez-
lui le bras... plus vite que ça ! Rien ne me résiste !

* Aurélie, Henri, Emma, Bitterlin, Savinien, le garçon, lord Grimm.
** Aurélie, Savinien, Henri, Emma, Bitterlin, lord Grimm.

SAVINIEN, à Aurélie.

Charmant Baby, vous venez voir les heureux que vous avez faits.

AURÉLIE *.

Combien sont–ils ?

SAVINIEN.

Deux et un feraient trois.

AURÉLIE.

Qui vous dit qu'il n'y en aura pas quatre ?

BITTERLIN, à Henri.

Vous seriez un grand lâche si vous ne la rendiez pas heureuse. (Lui présentant les billets de banque.) Ah çà, mon gendre, vous allez reprendre votre argent?

HENRI.

Oui, beau-père... après la noce.

* Aurélie, Savinien, Bitterlin, Henri, Emma, lord Grimm.

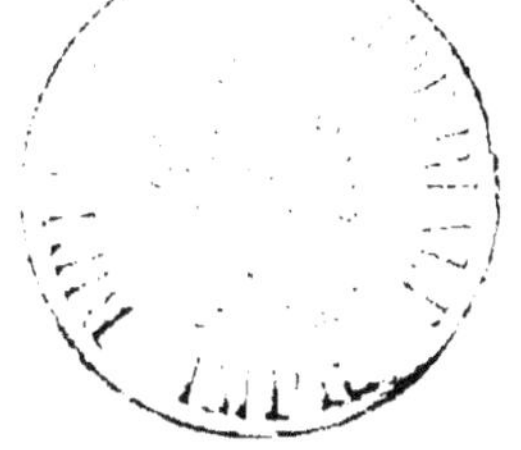

FIN

LAGNY. — Typographie de A. VARIGAULT et Cie.

www.ingramcontent.com/pod-product-compliance
Lightning Source LLC
LaVergne TN
LVHW011508180726
843503LV00008BA/3566